AF115277

Les petits artistes sur le chemin de la foi.

3-7ans.

Textes et illustrations de *Lucief*

Merci

Aux nombreuses personnes dont la contribution a été essentielle à la forme finale de cet ouvrage.
À mon mari et mes trois enfants, qui m'ont inspirés.
Enfin, à celui qui me guide par sa lumière.
Qu'ils reçoivent ma gratitude et mon amour pour tout ce qu'ils m'ont donné.

Lucief

Bienvenue

Ce carnet réunit les temps forts de Jésus et les temps ordinaires sur une année.

Vous pouvez retrouver un petit texte et un dessin à mettre en couleurs pour chaque mois de l'année. Ces textes sont des guides pour faire découvrir Jésus dont les mois sont indiqués en bas de page.

Pour vous aider à varier les activités créatives, je vous en propose 12.

Et pour finir, vous avez 4 illustrations que vous pouvez photocopier ou découper du carnet pour orner votre maison ou vos cahiers.

Je vous souhaite une belle année sur le chemin de la foi.

Lucief

Guide du carnet

- Mais qui est cet enfant ?
- L'Avent
- Noël 25 Décembre
- Faisons la lumière !
- Faisons cette étoile !
- Épiphanie
- Carême
- L'Arche de Noé
- Aimez-vous les uns les autres !
- Dieu t'aime
- Rameaux
- Hosanna !
- Pâques
- L'Annonciation
- Relation d'Amour
- Ascension
- Témoignage d'Amour !
- Petit semeur
- Pentecôte
- Le Saint Esprit
- Alléluia !

Mois sur la roue : Novembre, Décembre, Janvier, Février, Mars, Avril, Mai, Juin, Juillet, Août, Septembre, Octobre

○ Temps fort de l'année
○ Temps ordinaire de l'année

Dieu t'aime !

Dieu t'aime grand comme ça.
Dieu t'aime pour ce que tu es.
C'est parce qu'il t'aime que tu as de la valeur.
Prends conscience de l'amour de Dieu pour toi.
Tu peux t'aimer vraiment et découvrir ta valeur.

Alors sois toi-même, soit heureux !
Tu es aimé personnellement !

Septembre

L'Arche de Noé.

Dieu dit à Noé de construire un ÉNORME bateau, pour y abriter sa famille ainsi qu'un mâle et une femelle de chaque espèce qui peuple la terre.
Dieu déchaîna la pluie durant 40 jours et 40 nuits.
Les hommes mauvais moururent sous les eaux, seul Noé et sa famille furent sauvés.
Noé remercia Dieu de l'avoir sauvé.

Il était la preuve de l'homme peut garder la promesse de Dieu.

Octobre

Fêtons la Lumière !

Déguisements, bonbons et bien d'autres festivités sont au rendez-vous pour célébrer la Lumière de Dieu !

Nous sommes des êtres de lumière.
Allons apporter la lumière dans ce monde.
Proclamons notre Amour.
Partageons le respect.

Célébrons la vie !

Novembre

Mais qui est cet enfant ?

L'enfant qui naît est Jésus, le fils de Dieu.
Nous fêtons la vie de Dieu avec Nous et En Nous, que nous recevons comme cadeau.
Noël, s'est le partage,
Noël, s'est rêver,
Noël, s'est offrir avec le coeur,
Noël c'est se réunir.
La vie est un cadeau, il faut la savourer !

C'est l'incroyable et bouleversante présence de Dieu sur terre.

Suivons cette étoile!

Les Sages venus d'Orient ont fait un long voyage jusqu'à Bethléem, guidés par la lumière d'une grande étoile.
Ils sont venus apporter des cadeaux précieux qui avaient un sens précis:

-L'Or indiquait que Jésus était un roi.
-La Myrrhe annonçait de souffrances futures.
Et l'Encens montrait que Jésus était digne d'être adoré.

Ces cadeaux annonçaient d'avance ce que Jésus allait vivre une fois devenu grand... Il est appelé le Rois des Juifs. Il sera tué par les Romains et reviendra à la vie au troisième jour.

Tout le monde comprit qu'il était le fils de Dieu!

Aimez-vous les uns les autres !

Le Carême est un temps réservé à Jésus. Nous devons pardonner pour mieux-vivre notre vie.

Prenons le temps de cueillir les beaux gestes autour de nous, tout ce qui embellit nos journées.

Partager, c'est donner sans rien attendre en retour.

Prier, c'est être dans le calme et le secret.

La joie, c'est de se contenter de peu et apprécier les choses les plus simples.

Alors, dansons tous ensemble !

Février

Hosanna !

C'est le jour des Rameaux.
Jésus a fait connaître Dieu aux hommes pendant 3 ans. Il leur a montré combien Il les aimait.

Hosanna est le mot que le peuple criait à Jésus lors de son entrée à Jérusalem.
Ce mot veut dire « de grâce, sauve ! »
Nous aussi nous pouvons dire à Jésus
« Hosanna » et l'accueillir comme notre Sauveur.

SAUVE-MOI JÉSUS !

Mars

Témoignage d'Amour!

La Pâques, nous rappelle cette magnifique preuve d'amour de Dieu donne à son fils afin qu'il soit sauvé.

La Croix montre que Jésus accepte de souffrir pour que nous ayons la vie.

La Pâques témoigne de la mort de Jésus, la raison même pour laquelle nous avons accédé à la vie nouvelle et éternelle.

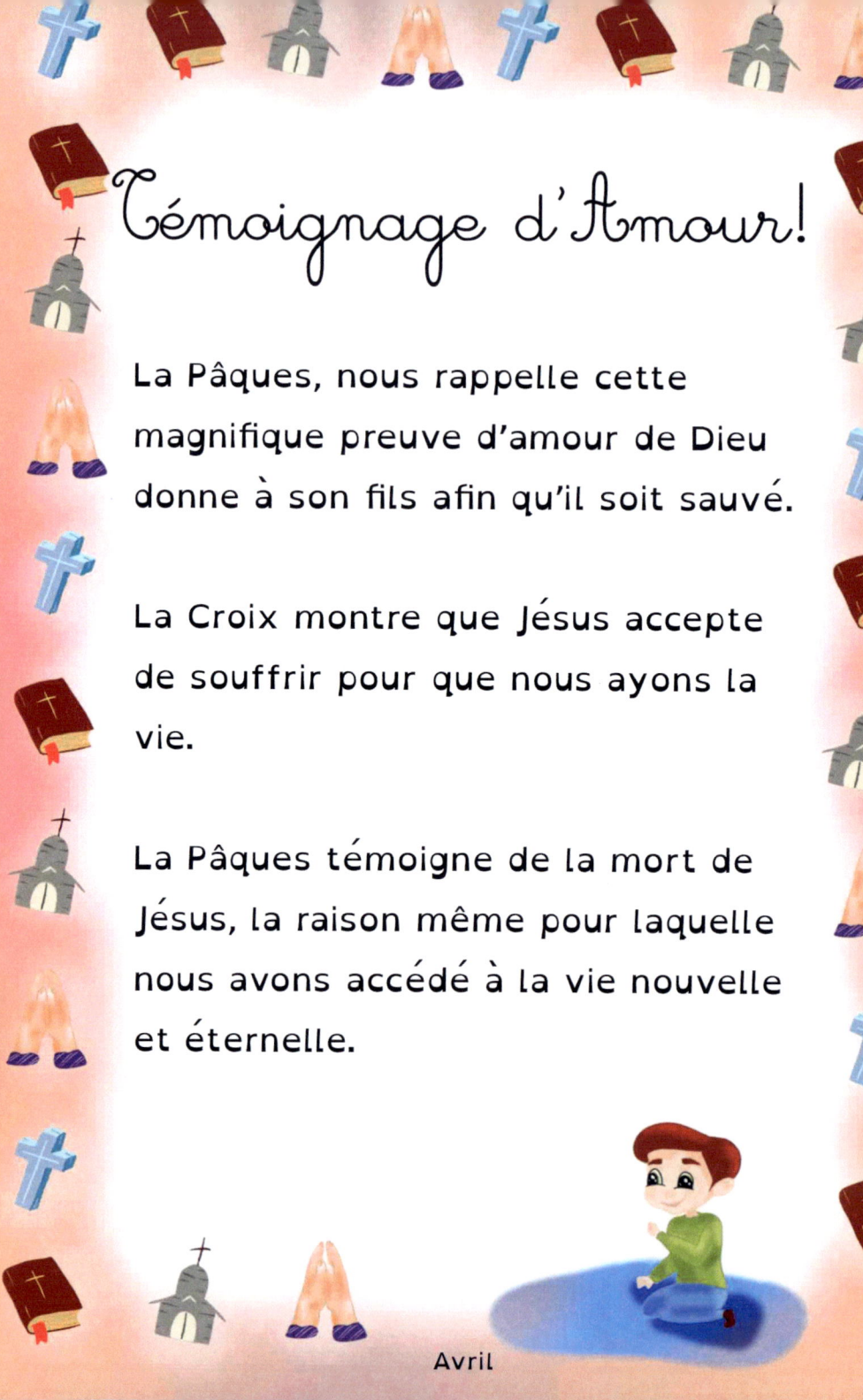

Avril

Alléluia !

40 jours sont passés depuis Pâques, et Jésus ressuscita.

Jésus monta au ciel pour rejoindre Dieu son père.

Il quitta ses disciples afin de les laisser libres de croire et de partager.

Il fait une promesse, il sera toujours présent avec nous, avec toi.

Et il promet la venue du Saint-Esprit.

Jésus vit dans notre coeur !

Mai

Le Saint Esprit

10 jours après l'Ascencion de Jésus, le Saint-Esprit se montra aux disciples. Comme l'avait promis Jésus.
C'est la Pentecôte.

L 'Esprit de Dieu nous guide vers la vérité.
Il nous aide à comprendre le sens de notre vie.
Il nous apporte la force et la clarté.
Grâce à l 'Esprit Saint, la parole de Jésus devient vivante et active dans nos cœurs.

Nous connaissons Jésus par le coeur!

Juin

Petit semeur

Jésus nous dit de semer le bien afin de récolter le bien.

Le temps des semences peut être long, mais quand le temps des récoltes arriver, nous serons appréciés cette récolte à sa juste valeur.

Et lorsque la récolte n'est pas abondante, cherchons les causes dans les circonstances, car la Parole est toujours une bonne semence. Le sol où tombe la semence impact sur l'état de la moisson.

Tous ceux qui sèment récolteront !

Juillet

Relation d'Amour!

Parle-moi!

Écoute-moi !

Jésus est toujours disponible pour toi.

Jésus t'écoute dans tes silences, dans tes paroles, dans tes gestes.

Jésus agit, il t'écoute, te regarde, il t'aime.

Jésus est témoin de tes prières.

Va vers Jésus et Jésus viendra à toi !

Quel que soit sa réponse, l'Amour de Dieu nous fait grandir dans la foi!

Août

12 Idées d'activités créatives pour les illustrations

Voici différentes techniques que vous pouvez proposer à vo enfants.

Peinture aux cotons tiges.

Il suffit de prendre plusieurs cotons tiges et de les tremper dans la peinture et ensuite vous laisser l'enfant faire des points de couleur sur le dessin.

Crayons Pastel

L'effet gras donne un aspect différent aux couleurs. Et cett matière est très agréable à utiliser.

Les Gommettes

Vous pouvez en trouver de différentes formes et les enfants adorent en coller partout. Le fait de les concentrer sur un dessin apprend la concentration.

Les crayons de couleurs

C'est la base pour leur apprendre a tracer les contours et ensuite a colorier soit en hachurant soit en faisant un mouvement circulaire pour remplir la zone à colorier.

Peinture et une brosse à dent

L'enfant trempe les poils de la brosse à dent dans la peinture puis ensuite à l'aide de son doigt il gratte les poils (les poils vers la feuille) cela va faire des projections de peinture sur la feuille.

Fleurs et feuilles

Durant une balade ou dans votre jardin vous ramassez de jolies fleurs et de jolies feuilles apres l'enfant n;'a plus qu'a les coller sur le dessin.

Feutres et pochette plastique

L'enfant met de la couleur sur la pochette plastique à l'aide des feutres et ensuite il faut retourner la pochette sur la feuille. On appuie légèrement et on retire la pochette plastique. Un bel effet de couleurs va apparaître.

Peinture aux doigts

On met a disposition plusieurs pots de peinture et le petit artiste utilise ses doigts (mains) pour colorier.

Peinture avec des ficelles

Il faut découper plusieurs morceaux de ficelle, les tremper dans les couleurs et ensuite, on les dispose sur la feuille. On attend un peu et ensuite, on tire sur une extrémité de chaque ficelle, une par une. Et là, la magie opère.

Papier crépon

Pour cette activité, il vous faut un bol avec de l'eau et du papier crépon de différentes couleurs. Ensuite, l'enfant déchire des petits morceaux de papier, le trempe dans l'ea et le positionne sur le dessin. En séchant le papier va reste coller.

Peinture gonflable

De la (3 CaS) farine du sel fin (3 CaS) et de l'eau (6 CaS), un peu de colorant alimentaire, vous mélangez mettre dan un pot ensuite l'enfant a l'aide d'un pinceau étaler la mixture sur la feuille et une fois l'œuvre finie vous la mettez à gonfler au micro onde durant 15 secondes.

Magazines et journaux

On découpe ou l'enfant découpe des formes dans des feuilles tirées d'un magazine ou d'un journal puis il les coll sur le dessin.

Illustratrice passionnée.
Maman de trois enfants extraordinaires.

Du même auteure :

Perlette s'ennuie sur son nuage. Elle décide d'aller faire un petit tour sur terre. Après sa chute, elle rebondit sur une plante près du ruisseau et tombe dedans. Elle passe du ruisseau à un grand fleuve et termine sa course dans l'océan.

Elle veut remonter dans son nuage, et pour cela elle va avoir besoin d'aide ...

Site :

www.luciefillustratrice.com

J'ai à cœur d'apporter des outils qui soient des liens entre l'humain et le divin.
Le chemin de la vie est rempli d'obstacles que seule la foi peut surmonter.
L' Amour est la clef, ne la perdez pas.

Le battement d'ailes d'un papillon peut provoquer des choses incroyables. Il y a une quantité immense de petites causes et chacune peut être responsable de grands effets.

Lucief